AF402933

Förlag: BoD – Books on Demand, Stockholm, Sverige
Tryck: BoD – Books on Demand, Norderstedt,
Tyskland
ISBN: 978-91-769-9896-0

DET LILLA HÄFTET OM…

Meditation och mindfulness

BAKGRUND

Precis som många andra var jag fast i det vardagliga hjulet. Jobb, hämtning och lämning av barn, fritidsaktiviteter och hus och hem att ta hand om. Alla som har varit där vet precis hur det är att försöka hinna andas. Begreppet "egentid" är heligt i det här sammanhanget och veckoplaneringar är mer än ett behov – det är navet till att allt fungerar.

Mitt i allt det där tillkom en ytterligare variabel i mitt liv och som påverkade hela familjens hälsa och livsstil. En sjukdom vars tentakler sträckte sig ut över oss alla och färgade vardagen svart. Det var inte livshotande på något sätt, men det krävdes all vår ork och viljestyrka för att klara av vardagen.

Ungefär då fick jag hjärtklappning, huvudvärk och kunde när som helst brista ut i gråt. Jag mådde uselt under fasaden, men det var bara att hålla ihop. Det fanns ju faktiskt inget alternativ. Men när något sådant här händer, något som är utanför ens egen kontroll, blir andningshål viktigare än någonsin. Därför bestämde jag mig för att utnyttja en av mina egentidstimmar till att gå på en massage- och healingbehandling hos Carola, en fantastisk person och terapeut.

****

Det var en sval försommarkväll när jag tryckte ner handtaget och gick in i behandlingsrummet, det minns jag tydligt. Ett par ljus brann stilla och svag musik spelade mjukt från en enkel högtalare. När jag gick in var axlarna uppdragna och leendet påklistrat.

Behandlingen var skonsam och massagen gjorde underverk med min trötta kropp, men något lugn kände jag fortfarande inte.

”Du är i kaos, Ellinor.” sa Carola till mig. ”Jag fick inte tag på din energi alls, den rusar hej vilt. Du måste lugna ner dig. Och då menar jag NU, annars går det åt skogen.”

Jag visste att jag var på väg in i den berömda väggen, men det var först när hon såg på mig med sina kloka, vänliga ögon som jag förstod att det var kritiskt nära.

”Vad ska jag göra då?” frågade jag frustrerat.

”Meditation. Minst en gång om dagen. Du måste meditera, meditera, meditera. Om två veckor vill jag ha hit dig igen, så får vi se hur du mår.”

Innan jag gick gav hon mig några exempel på meditationer. Självklart visste jag vad meditation var, men jag hade aldrig provat det. Inte på riktigt i alla fall. Men huvudvärken, hjärtklappningen och Carolas allvarliga blick gjorde att jag redan samma kväll började mitt nya liv.

****

Det sägs att det kan vara svårt att lära sig att meditera. Det lär vara svårt att få tankarna att stillna och inte låta sig påverkas av det som händer runt omkring. Så var det inte för mig. Tvärtom. I samma ögonblick som jag la mig på sängen och pluggade in hörlurarna så kopplade jag av på ett näst intill frustrerat och hysteriskt sätt. Det var som att hela mitt inre tacksamt kastade sig över meditationens lugn och som om jag krampaktigt höll tag om de mjuka rösterna och långsamma musiken. Det fyllde ett behov hos mig som jag inte visste fanns och jag kunde känna hur meditationen läkte mig på insidan, några trötta celler varje gång. Nästan varje gång grät jag av utmattning.

Jag mediterade minst två gånger om dagen de första två veckorna och resten av dagen längtade jag innerligt till de stunderna. Det blev livsviktigt för mig.

****

Två veckor senare kom jag tillbaka för ytterligare en massage- och healingsession och förändringen var enorm. För det första var mitt leende äkta och inte påklistrat när jag kom in genom dörren. För det andra rusade inte energierna längre. Tvärtom kände både jag och Carola att kroppen hade lugnat ner sig. Den brutala väggen var mer avlägsen. Någonstans diffust framför mig fanns den fortfarande, men konturen var suddig och vag. Ingen kunde vara mer tacksam än jag.

”Vilken skillnad, Ellinor! Har du mediterat som jag sa åt dig?”

”Varenda dag. Ibland både morgon, middag och kväll. Jag älskar det. Vilken frid det ger i kroppen!”

Jag menade vartenda ord. Egentligen fanns det inga ord som kunde förklara det jag kände, men de jag fick fram fick helt enkelt duga.

”Fortsätt meditera. Du behöver det. Du mår bättre nu, men du kan må ännu bättre. Fortsätt.”

****

Jag fortsatte. Till en början mediterade jag två gånger om dagen för att sedan gå ner till en gång om dagen. Nu mediterar jag periodvis när jag känner att jag behöver det.

Meditationen har utan tvekan räddat mig från att gå in i väggen. Idag ser jag inte tillstymmelse till någon vägg.

När man har haft

bråttom länge

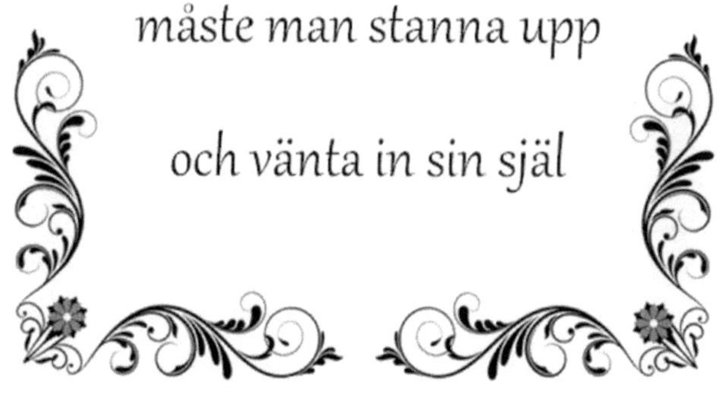

måste man stanna upp

och vänta in sin själ

VAD ÄR MEDITATION?

För mig är meditation det samma som lugn. Det innebär att jag får tillgång till hela min kropp när jag andas. Jag kan längta en hel dag efter att få lägga mig på sängen och känna hur friden sköljer över min kropp medan jag lyssnar till mig själv och inget annat. Det är en djupt renande känsla.

Själva ordet meditation kommer från latinets Meditare som betyder Att föras mot mitten. Och det är precis det som är syftet med meditation – att stänga ute allt och gå helt och hållet in i sig själv.

Det finns många olika sätt att meditera på, och jag beskriver tre av de vanligaste längre fram i häftet, men det spelar ingen större roll hur du gör. Det viktiga är att du hittar en metod som får dig att slappna av både kroppsligt och mentalt. När jag mediterar är jag noga med att välja en tidpunkt då jag vet att jag inte kommer att bli störd. Det brukar bli precis innan jag ska sova. Det är många fördelar med just den tidpunkten, men den främsta är nog att jag går ner i varv och slipper alla ältande tankar som håller mig vaken. Istället somnar jag gott och får en välgörande hel natts sömn. Att ha sovit gott och länge ger mig bättre förutsättningar att orka nästa dag.

****

Meditation används inom vården. Personer som lider av
till exempel depression eller stress rekommenderas
meditation som ett komplement till sin behandling. Så
var det även för mig. När jag mådde dåligt och sökte
hjälp fick jag bland annat träffa en sjukgymnast. Vid de
tillfällena fick jag lägga mig på golvet i ett dunkelt rum
och lyssna på hennes röst medan hon ledde mig igenom
en kroppsscanning. Det hela gick ut på att jag skulle lära
mig att känna skillnaden på spända och avslappnade
muskler. Jag uppskattade de stunderna väldigt mycket.
Tanken var att jag skulle göra övningarna hemma, men
det var svårare att hitta lugnet i en miljö som var så
starkt förknippad med den allmänna sinnesstämningen
jag hade – oro och stress. Jag behövde en röst för att
helt och fullt kunna slappna av.

****

Mindfulness är ett begrepp som ofta kommer hand i
hand med meditation. Ordet brukar oftast översättas
som Medveten närvaro. Det handlar om att bli totalt
uppmärksam på nuet. Jag har jobbat med det här
mycket och rekommenderar det verkligen. Man kommer
underfund med så mycket när man låter kroppens alla
sinnen vara med.

Du kan när som helst prova. Sätt dig tillrätta på en stol och slappna av. Slut ögonen och ta några djupa andetag. Sedan riktar du all uppmärksamhet till den egna kroppen. Hur känns det? Vilka muskler är spända? Försök slappna av i dessa muskler i så fall och känn skillnaden. Sitter kläderna åt och var gör de det? Hur ändras känslan i kroppen när du andas? Hur känns underlaget under dina fötter? Sitter skor eller strumpor åt? Är det mjukt och bekvämt? Hur känns stolen mot din kropp? Trycker det mot ryggen och i så fall var? Är sitsen bekväm? Det här är en övningssak och kräver koncentration i början. Det är lätt att tappa tråden och låta tankarna fara iväg. Så fort du märker att du har kommit ifrån övningen så återgå till din kropp och det den upplever.

En annan väldigt bra mindfulnessövning är att ta en promenad. Gärna i naturen där ögonen får mycket grönt att vila på. Ha inte bråttom, utan promenera i lugn takt. Precis som i övningen ovan ska du försöka uppleva din kropp och sensationerna som finns i musklerna. Vilka muskler arbetar och finns det viloläge mellan momenten? Gå en stund och upplev din kropp i rörelse. Efter en liten stund kan du flytta ditt fokus till det som finns alldeles intill dig. Hur är luften att andas? Är den sval? Varm? Kanske rent av kall? Blåser det? Hur tar vinden tag i ditt hår och hur känns det mot din hud? Känns vissa delar av kroppen varmare än andra? Vad har du för underlag? Är det skogsmark och hur känns i så fall den kuperade terrängen mot fotsulorna? Försök vara uppmärksam på underlaget och hur det trycker olika mot fötterna beroende på vad du kliver på.

Känner du några dofter? Vad har du för färger omkring dig? Hur skiftar färgernas nyanser i ljuset?

Ja, det är en övningssak som ni hör och inte helt lätt i början, men övning ger färdighet och i det här fallet ger färdigheten lugn i hjärtat.

Oavsett var du är --

var där helt och fullt

KAN VEM SOM HELST MEDITERA?

Självklart! Det gäller bara att hitta en metod som passar just dig. Kanske mår du bäst av att promenera i skogen? I så fall är det rätt för dig. Kanske behöver du lyssna på en guidad meditation för att kunna hitta lugnet? I så fall finns det mängder av sådana på nätet att ta del av. Oavsett vad du väljer för metod så handlar det om att upprepa meditationen för att få någon effekt. En tillfällig meditationsstund kan vara en behövlig paus, men en lång period med återkommande meditationer ger ett lugnare sinne och man får bättre förutsättningar att ta itu med stressiga situationer. Det är i alla fall min erfarenhet.

****

Viktigt att veta är att meditationer kan framkalla känslor. Särskilt i början, när man precis börjar meditera, så kan det frammanade lugnet utlösa en lång rad olika känslor – sorg, ilska, frustration eller kanske otillräcklighet. Bli inte rädd. Låt dem komma fram. Gråt hur mycket du vill om du känner att du behöver det. Troligen har du mycket inom dig som behöver släppas ut.

När jag mådde som sämst grät jag varenda gång när jag mediterade. Efter en tid insåg jag att det hjälpte att skriva ner känslorna som kom fram på lösa lappar som jag sedan tog med mig och diskuterade med min terapeut. Vissa av lapparna eldade jag upp i köksvasken.

Då kändes det som om jag kunde släppa taget om känslan och det var otroligt skönt och befriande.

HUR GÖR MAN?

Det finns mängder av olika metoder att meditera, säkert lika många som antalet utövare. Det handlar om att hitta sitt eget sätt att finna frid och stänga ute allt. Kanske lättare sagt än gjort? Väldigt ofta är det svårt att stänga ute tankar och ljud, men när du kommer på dig själv med att tänka på annat så återgå till din meditation. Det andra kan vänta ett par minuter.

Tips! Om du har många tankar i huvudet (saker som du faktiskt måste komma ihåg) så kan det vara en bra idé att skriva ner de som är viktiga på en lapp och lägga i exempelvis köket där du lätt kan plocka upp dem sedan. Genom att notera tankarna innan meditationen så är det lättare att avstyra dem om de uppkommer under din välbehövliga paus.

****

Många använder sig av positiva affirmationer. För mig fungerade de inte lika bra som meditationerna vars syfte var att stilla mitt sinne. Däremot hade de effekt när jag hade börjat återhämta mig och behövde fylla på med positivitet, se ljusare på tillvaron och stärka min självbild. Dessa inspelningar brukar börja med några

18

enkla avslappningsövningar och sedan gå över till att bestå av korta meningar som alla innebär glädje, lycka och känsla av oövervinnerlighet. De är otroligt peppande och kan bidra till att man får extra ork att möta en utmaning.

Det finns många att ta del av på nätet och de kan kännas riktigt bra att lyssna på när bilden av den egna personen behöver ett uppsving.

För att hitta lugnet mitt i den stormande vardagen behövde jag dock meditera. Jag provade alla möjliga varianter innan jag hittade sättet som fungerade för mig, och jag rekommenderar att man provar sig fram. Det finns några varianter på meditationer som är vanligare än andra och här nedan tar jag upp tre exempel.

****

Titta på en ljuslåga

Det här är en väldigt vanlig meditation och eftersom den är enkel så rekommenderas den ofta till nybörjare. Den är bra eftersom den ger ögat något att vila på.
Sätt dig i lugn och ro på en plats där du kan slappna av och inte störas av omgivningen. Sätt dig bekvämt, släpp ner axlarna och ta några långa och djupa andetag. Tänd ett ljus och betrakta lågan. Se på färgerna och hur de skiftar beroende på hur långt bort från veken de är. Se hur stearinet smälter och omformas. Följ lågans rörelser.

Försök att stänga ute andra tankar, men när de dyker upp – för det lär de göra – så avbryter du dem och återgår till lågan. Sitt så länge du har möjlighet.

Följ ett andetag

Sätt dig, eller lägg dig bekvämt. Ta ett djupt andetag och försök slappna av i kroppen. Ta sedan ett långsamt och djupt andetag. Följ slingan med syrerik luft hela vägen. Hur känns det i näsan när luften kommer in? Är det kallt? Varmt? Hur känns det när luften når lungorna? Var vidgas kroppen som mest? I halsen? Över bröstet? Över magen? Längst ner i buken? Stanna upp ett par sekunder och släpp sedan långsamt ut andetaget genom munnen. Hur känns det nu? Upprepa övningen några gånger och om tankarna far iväg så återkom till din kropp så fort du märker det.
Den här övningen är lätt att använda när som helst på dagen. Gör den så fort du har möjlighet. Mellan två viktiga möten. I samband med lunchen. Eller varför inte passa på när du går på toaletten? Övningen hjälper dig att syresätta kroppen och hjärnan samtidigt som du får en liten stund för dig själv.

Guidade meditationer

Det här är min typ av meditation. Jag vill gärna ha en röst och lite musik att hänga upp min meditationsstund på. Jag tycker det är lättare att vara fokuserad och koppla bort andra tankar när jag gör på det här sättet.

Det finns många guidade meditationer på Youtube att lyssna på, både svenska och engelska.

Sitt eller ligg bekvämt. Blunda. Använd gärna hörlurar. Det hjälper dig att stänga ute rummet omkring dig och meditationen får en djupare och tydligare mening.

Guidade meditationer har ofta ett syfte, en berättelse, och du uppmanas ibland att utmana dig själv i tanken. Ofta handlar de om andningsövningar, men det finns också de som innebär att du ska återuppleva ett möte eller lära dig en teknik för att släppa taget om gnagande tankar.

I de guidade meditationerna ska du ofta använda flera av dina sinnen. Du ska lyssna på naturljud, se färger, uppfatta dofter och känna strukturer under dina händer. Kanske är det därför jag föredrar dem – de tilltalar mitt sinne för ordens nyanser.

Som ni hör finns det många olika varianter. Vissa passar dig säkert bättre än andra. Det är bra att lyssna på flera olika meditationer eftersom vissa passar bättre vid vissa tillfällen och andra ger upplevelser som du kan omtolka och använda i ditt liv.

****

På följande sidor i häftet finns tre guidade meditationer. Du kan läsa dem som inspirationstexter till vad du kan hitta på nätet, eller så kan du sätta dig i lugn och ro och innerligt läsa dem.

Om du väljer det andra tillvägagångssättet så ska du vara noga med att verkligen känna in vad texten säger dig och när det finns en paus i berättelsen ska du pausa så länge du behöver för att låta din kropp och dina sinnen uppleva mötet. Sedan återgår du till läsningen. Här handlar det om att skapa bilder för ditt inre och låta dig få en stunds meditation och sedan gå energiberikad resten av dagen.

Återhämtning ger dig

styrka.

Styrka ger dig

möjligheter.

MEDITATION NR 1

I kroppen finns många olika chakrapunkter, det vill säga energicentra, och de sju största av dessa är förknippade med olika färger. Den här meditationens syfte är att fylla på kroppens olika chakrafärger och på så sätt ge energi till de delar av kroppen som behöver påfyllning.

****

En regnbåge

Du står på en äng. Gräset når högt och vajar mjukt i den stilla sommarbrisen. Solen skiner på dig och du känner värmen mot din hud. Det är precis lagom varmt och det är en skön känsla. Du sluter ögonen och lyssnar. Det susar stilla i trädkronorna och luften omkring dig är full av surrande insekter som älskar ängens alla blommor.

Det blir plötsligt lite kyligare. Solen har gått i moln och du tittar upp. Molnet som döljer solen är ganska litet och du ser att det kommer inte dröja länge förrän solen tittar fram igen. Längre bort ser du täta regnmoln, men de rör sig inte mot dig.

När solen kommer fram bryts strålarna i de fallande regndropparna och en stor regnbåge bildas på himlen. Trygg i vetskapen om att solen kommer att fortsätta skina på dig börjar du gå över ängen.

Du går mot trädgränsen. Träden står glest och skogen är luftig och ljus. Gräset lägger sig åt sidan och bildar en stig framför dig. Du följer den genom den lilla skogen och kommer fram till en bäck.

Ovanför dig svävar regnbågen och du sträcker upp dina händer mot den.

Rött energirikt ljus faller ner över dig. Det röda är rotchakrats färg och står för det som är basen i ditt liv – vem du är och var du hör hemma. Det omsluter hela din kropp och du fylls av en känsla av gemenskap, samhörighet och värme. Det finns inga gränser för vad du klarar och du känner dig berikad och står stadigare på jorden än någonsin tidigare. Titta på färgen och njut av känslan den ger dig.

Orange energirikt ljus faller ner över dig. Det orange är navelchakrats färg och står för känslor och hur du mår i relationer till andra. När ljuset omsluter dig fylls du av livsglädje. Med ens känner du lust och kreativitet. Du ler och känner hur energin sprider sig inom dig. Titta på färgen och njut av känslan den ger dig.

Gult ljus faller ner över dig från regnbågen. Det gula är solar plexus färg och står för glädje och handlingskraft och i samma stund som ljuset fyller dig fylls du av ännu mer energi. Den ger dig inspiration och självsäkerhet och du är med ens säker på att du klarar vad som helst.

Du tror på dig själv. Titta på färgen och njut av känslan den ger dig.

Grönt ljus faller ner över dig från regnbågen. Den gröna färgen tillhör hjärtchakrat och står för kärlek och trygghet. Ljuset som fyller dig ger dig lugn och skänker dig ovillkorlig kärlek till både dig själv och andra. Värme sprider sig i bröstet och du känner harmoni. Titta på färgen och njut av känslan den ger dig.

Blått energirikt ljus faller ner över dig. Halschakrats blåa färg står för kommunikation och självsäkerhet. Ljuset känns lugnande och det ger dig en trygghet i att känna acceptans till allt och alla omkring dig. Du känner tillit till dig själv, glädje och inser vikten av att förlåta. Titta på färgen och njut av känslan den ger dig.

Indigofärgat ljus faller ner över dig från regnbågen. Det är Det tredje ögats ljus som träffar dig och när det fyller dig ger det dig förmågan att lyssna på din inre röst, lita på din intuition och att acceptera dig själv som du är. Titta på färgen och njut av känslan den ger dig.

Lila ljus faller ner över dig från regnbågen. Det lila står för kronchakrat och är andlighetens färg. Ljuset fyller hela din kropp och ger dig en känsla av att växa och bli en del av allt runt omkring. Universums livskraft rinner igenom dig och du uppfylls av en helande kraft. Titta på färgen och njut av känslan den ger dig.

Regnbågen mattas av och försvinner. Du öppnar ögonen och ser dig omkring vid bäcken. Solen glittrar i vattnet och du känner dig lugn och tillfreds. Efter en lång stund går tillbaka mot träden. Du går genom den luftiga skogen och återvänder till din plats på ängen. Inom dig finns de energirika färgerna kvar och du känner dig hel.

MEDITATION NR 2

I den här meditationen får du tillbringa en stund i ditt eget gröna paradis. Här bestämmer du hur allt ska se ut, dofta och kännas. Ingen utomstående ser dig och du har tid och plats att bara andas. Kanske får du ett besök i trädgården? Kanske ser du ett djur eller en person som du saknar? I så fall låter du det ske. Kanske kommer ingenting till dig? I så fall är det också precis som det ska. Då behövde du vara ensam i din grönska.

Skynda inte genom texten utan stanna upp och upplev det som finns omkring dig innan du går vidare.

****

I din egen trädgård

Du står ensam framför en hög mur. Muren är av tegel och långa rankor av murgröna klättrar på den skrovliga ytan. Solen skiner på dig från en sommarblå himmel och någonstans långt borta hör du ljudet av en bäck. Du börjar gå längs muren och stannar till när du kommer fram till en port. Hur ser porten ut? Porten är bara till för dig, ingen annan kan se den. Är den av sten? Av trä? Är den gammal eller ny? Bredvid porten hänger en skylt och du läser:

"Välkommen in i din trädgård."

Du vet instinktivt att porten finns till bara för dig, att det som finns på andra sidan är menat för bara dina sinnen. Du sätter en hand på porten, knuffar upp den och kliver in.

Porten faller igen bakom dig och lämnar dig ensam i en fantastisk trädgård. Ta ett djupt andetag och se dig omkring. Hur ser din trädgård ut? Finns det träd? Blommor? Gräs? Finns det byggnader? Bänkar? Stolar? Doftar det gott? Finns det vatten? Statyer? Insekter? Gå runt och se dig omkring.

Sätt dig ner i trädgårdens vackraste del och titta på allt omkring dig. Rör vid växterna och känn dig trygg i att du är alldeles ifred. Ingen kan tränga sig in. Det här är bara din trädgård.

Några meter framför dig börjar luften plötsligt vibrera. Luften blir disig och ljus. Ur ljuset framträder någon. Vem är det? Vem vill du träffa just nu? En vän? En släkting? En guide? En skyddsängel? Ett djur?

Vem det än är som framträder så är den välkommen och du känner dig tacksam och lycklig över att få besök. Be gästen slå sig ner bredvid dig. Sällskapet är precis vad du behöver och om du vill kan du ställa en fråga. Det spelar ingen roll om det är en viktig eller obetydlig fråga, din gäst svarar gärna så lyssna på svaret du får.

Vi pausar en stund så ni får tala ifred.

När samtalet är slut tackar du för sällskapet. Gästen reser sig och går tillbaka in i ljuset. Ögonblicket därpå försvinner gästen och ljuset och du är återigen ensam kvar på trädgårdens vackraste plats.

Du reser dig upp och går tillbaka till porten. På muren ovanför porten hänger ännu en skylt:

"På återseende. Du är alltid välkommen tillbaka in i din trädgård."

Du ser dig om och tittar ut över din trädgård en sista gång innan du öppnar porten, går ut och återvänder till ditt vanliga liv. I hjärtat har du med dig svaret från gästen som besökte dig i din allra vackraste del av trädgården.

MEDITATION NR 3

Meditationen nedan handlar om budskap. Vi behöver alla råd och hjälpsamt stöd i våra liv. Oftast finns svaren inom oss men livet omkring oss kan vara brusigt och överröstar lätt de stilla orden. Här handlar det om att tystna och lyssna. Tystnaden är trots allt inte tom. Den är full av svar. Många upplever att det är svårt att lyssna till sin inre röst, och tanken med den här meditationen är att vi får hjälp att lyfta orden som finns djupt inom oss.

****

Besök ett tempel

Du går omkring i en gammal slottspark. Överallt finns vackra växter och välklippta häckar. Gångarna är stenlagda och tillrättalagda. Platsen är full av människor och ljud. Prat och skratt finns överallt. Parken är fin, men du känner att det finns något mer än det du ser och upplever.

Du verkar vara den enda som vill se bortom det välklippta och ordnade. Du lämnar folket bakom dig och letar dig bortåt. I en av de höga häckarna som ramar in slottsträdgården hittar du en trång passage. Du tränger dig igenom och kommer ut i ett kuperat och vildvuxet landskap. Rösterna tonar bort och ersätts av porlet från en bäck som ringlar sig fram genom det gröna landskapet.

Du får syn på en stig som leder bortåt och börjar följa den.

Stigen går längs bäcken och du följer det glittrande vattnet. Du kommer fram till en låg stenbro och går över den. På andra sidan bäcken stannar du upp. Luften är annorlunda här. Den är lätt att andas och fyller dig med energi. Bland träden ser du djur och ett av dem möter din blick och kommer närmare. Du hälsar på djuret och ser in i de kloka ögonen.

"Kom med." verkar djuret säga. "Kom med, så ska jag visa dig något."
Du följer med längs den slingriga stigen och när ni svänger runt en krök har ni kommit fram till en glänta. Du stannar. Mitt i gläntan, översköljd av solljus, står ett tempel.
Templet är av marmor och består av åtta pelare och ett kupoltak.
Djuret puttar till dig och du går in i templet. Inne i templet känns luften sval, men du fryser inte. Golvet är en enda massiv stenskiva och i golvets centrum finns en tavla nedsänkt i golvet. Du tittar ner på tavlan.
På tavlan framträder ett meddelande. Läs det och ta till dig budskapet.

Efter en stund tonar meddelandet bort. Utanför templet står djuret kvar och väntar på dig. Du lämnar platsen och får sällskap tillbaka till stenbron.

Djuret intill dig nickar adjö och går tillbaka till skogsbrynet. Du tackar för sällskapet och går tillbaka till slottsparken. Där är allt precis som förut och ingen har märkt att du varit borta. Inom dig bär du fortfarande på meddelandet.

Kanske säger meddelandet dig ingenting för tillfället, men bär med det i hjärtat. Tids nog faller det på plats.

Tystnaden är inte tom.

Den är full av svar.

ATT HITTA LUGNET I TILLVARON

Vi behöver pauser i vardagen. Allt fler människor stressar sönder sig och går in i väggen och det är en skrämmande bild. Samhällets uppbyggnad, våra krav på andra och oss själva samt all ständig uppkoppling till sociala medier får våra kroppar och själar att rämna. Någonstans mitt i all kaosartad djungel finns ändå ett tydligt behov av paus, upplever jag. Annars hade vi inte haft ord som "egentid" – detta laddade ord som ska låta njutningsfullt men som egentligen är fullt med krav och schemaanpassning. Men återigen – det är min åsikt och min upplevelse.

Meditation har olika innebörd vid olika tillfällen i livet. Mitt i all hets och stress kan det vara ett andningshål för att orka vidare. Men i en vardag full av lugn och harmoni ger meditation svar på många av de inneboende frågorna som finns i oss. Där väcks tankar och insikter som vi kan bära med oss och använda oss av.

För mig blev meditationen det som hindrade mig från att gå in i väggen och jag är oändligt tacksam för att jag hann stoppa min kropp i tid. Jag vill inte tänka på hur det kunde ha blivit och hur mycket skada jag kunde ha åsamkat min kropp och mitt sinne om jag hade fortsatt att pressa mig framåt.

Har du en stressig vardag så finns det inte ord för hur viktig regelbunden meditation kan vara. Har du tid att gå in på sociala medier medan du sitter på tåg eller buss? Eller sitter du och väntar medan bilen besiktigas? I så fall har du säkert tid att göra några andningsövningar. Tro mig, du behöver andningen mer än det brusiga flödet från statusuppdateringarna.

Har du svårt att meditera så kanske mindfulness är lättare? Var i nuet. Låt inte tankarna rusa.

****

MIN FÖRHOPPNING

Min förhoppning är att jag kan inspirera dig som läser att meditera, även om du inte själv upplever att du är stressad eller att du har en stimmig vardag. Prova. Känn hur det känns. Lyssna till din kropp. Jag är övertygad om att du kommer att känna någonting. Låt det i så fall komma fram. Bli den som bestämmer över din egen andning.

När du äger ditt andetag

så kan ingen

ta friden ifrån dig

VEM ÄR JAG?

Min bakgrund är ganska brokig. Jag är religionsvetare, författare, trädgårdsfantast, Reikihealer och har jobbat inom administration och inom ett flertal serviceyrken. Nu driver jag mitt företag Lavendala där jag fokuserar på människan och vårt mående. Förutom detta har jag en underbar familj (min man borde få medalj för allt sitt tålamod och sin enorma förmåga att se positiva lösningar på allt) och jag älskar sol och sommar. Det absolut bästa jag vet är att sitta i mitt växthus med en kopp te och lyssna till de somriga ljuden från insekter och vatten. Det är mindfulness på högsta nivå och då lever jag till hundra procent.

Jag tror på vikten av att följa sitt hjärta. Lyckan finns inte i pengar eller i materiella ting utan uppkommer först då man rannsakar sitt inre och tillgodoser sina egna behov. Numera blir jag lycklig av att vara i trädgården. Ja, så enkel är jag. Men det tog tid att hitta lyckan. Och precis som det brukar vara i alla historier så fanns lyckan på min egen tröskel, men jag tror att det krävdes en omväg för att jag skulle kunna se den. Jag har haft ett par perioder med djup depression och fått hjälp att bearbeta smärtsamma minnen. Idag är jag tacksam för både perioderna och hjälpen jag fick.

Den här lilla boken ingår i en serie av häften som handlar om att må bra i vardagen. Eller rättare sagt, de handlar om hur *jag* har gjort för att hitta mig själv och hur jag gör för att må bra. Alla är olika och har olika behov, och det gäller att hitta den egna vägen och försöka njuta så mycket man kan av det som det egna livet bjuder på.

Det finns mängder med litteratur om meditation och mindfulness på marknaden, men just den här utgår från mina egna erfarenheter och innehåller mina enkla handgripliga tips. Förhoppningsvis ger de inspiration till dig som läser att våga leta reda på din väg.

Den här lilla boken du håller i handen är den första att ges ut i serien "Det lilla häftet om…" och den kommer att följas av:

"Lyckobollar och positiva energier"

"Energier och chakran"

"Att läka i grönskan"

Jag hoppas ni följer med på vägen.

Avslutningsvis har jag ett par tillägg.

I en av de nedskrivna meditationerna uppmanas du att möta ett djur. Det kan vara en härlig upplevelse i sig, men djuren står för olika saker – olika råd till oss och vår livssituation. Om du vill veta mer kring detta eller om du vill veta vad just ditt djur innebär, så rekommenderar jag att du tittar i Solögas böcker "Djurens språk". Där kan du få hjälp att tolka dina bilder. Ofta stämmer det på pricken.

Omslaget är hämtat från Pixabay och fotografen kallar sig själv Bertomic. Jag tycker väldigt mycket om just den här bilden. För mig innebär den styrka och harmoni, vilket är exakt vad jag har fått ut av att meditera.

Av hela mitt hjärta önskar jag dig sol, växthus och te – eller det som får just dig att leva till hundra procent.

Kramar
Ellinor

PS:
Om du vill dela med dig av dina tankar eller erfarenheter kan du maila till:
ellinor.lavendala@gmail.com
Det skulle vara väldigt roligt att få ta del av din historia.